COUVERTURES SUPERIEURE ET INFERIEURE
DETERIOREES

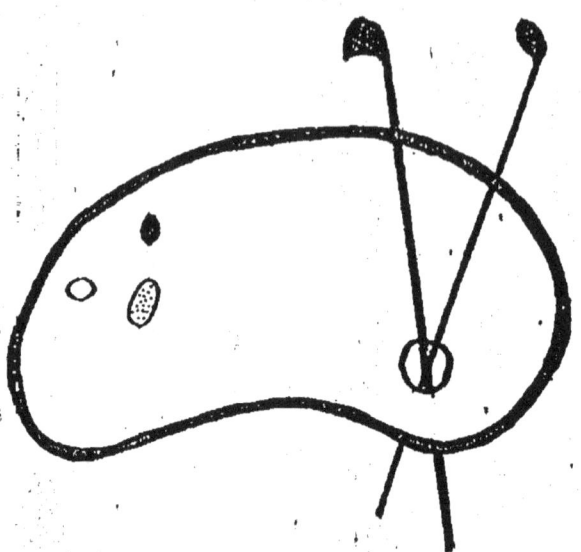

DEBUT D'UNE SERIE DE DOCUMENTS
EN COULEUR

SCIENCE ET RELIGION
Études pour le temps présent

VIE ET MATIÈRE

OU

MATÉRIALISME ET SPIRITUALISME

EN PRÉSENCE DE LA

CRISTALLOGÉNIE

PAR

Le R. P. Th. ORTOLAN, O. M. I.

Docteur en Théologie et en Droit canonique,
Lauréat de l'Institut catholique de Paris,
Membre de l'Académie de Saint Raymond de Pennafort.

PARIS
LIBRAIRIE BLOUD ET BARRAL
4, RUE MADAME, ET RUE DE RENNES, 59
1898

SCIENCE ET RELIGION
Études pour le temps présent

Collection de vol. in-12 de 64 pages compactes,
Prix : 0 fr. 60 le vol.

Les lecteurs curieux de grandes vérités de la foi déploraient l'abs[ence] de vulgarisation de science religieuse. LES ÉTUDES POUR LE TE[MPS] PRÉSENT répondent donc à un désir et comblent une lacune. Ainsi [l'] ont jugé unanimement les Revues et les journaux les plus important[s de] la presse catholique. De ces nombreux et si flatteurs témoignages nou[s ne] citerons que le suivant, extrait du Journal l'*Univers*, dû à la plume [d'un] juge des plus compétents, M. Louis Robert :

« Aujourd'hui, en notre siècle de vapeur, d'électricité, on veut sa[voir]
« tout et lire peu, toute la vie est pleine et fiévreuse ! C'est ce qui expl[ique]
« la vogue de la Revue et du Journal. Cependant ces deux organes d[e la]
« pensée moderne sont insuffisants pour embrasser une question dan[s la]
« complexité de ses aspects. Le livre est toujours nécessaire ; mais n[ous]
« pensons, à part les moines et le clergé des campagnes, que le respect[able]
« in-4° et le majestueux in-folio ont fait leur temps pour le grand pub[lic.]
« Il fallait donc condenser en un volume de poche les questions qui t[our-]
« mentent l'âme contemporaine. C'est ce que certains éditeurs ont
« heureusement compris, notamment MM. Bloud et Barral, dont les [édi-]
« tions ont déjà tant rendu de services signalés à la cause religieuse.

« Sous le titre de *Science et Religion*, collection de volumes in-12
« 64 p. compactes, ils ont entrepris, avec un plein succès, de démont[rer]
« par des plumes des plus autorisées « *l'accord entre les résultats de [la]*
« *science moderne et les affirmations de la foi.* » Chaque sujet est t[rai-]
« té, non plus d'après la méthode apologétique, qui actuellement est [sus-]
« pecte aux incrédules, même aux indifférents. C'est avec la plus rigour[euse]
« méthode scientifique — mais mise à la portée de tous les esprits quel[que]
« peu cultivés — que sont exposées les *Nouvelles Études philosophiq[ues]*
« *scientifiques et religieuses* de cette opportune et très intéressante c[ol-]
« lection.

« Le nom de l'auteur de chacune d'elles est une recommandation.
(Journal *l'Univers*.)

Voici une seconde liste des ouvrages parus ou à paraître incessamme[nt :]

— **L'Apologétique historique au XIX° siècle. — La Critique ir[ré-]ligieuse de Renan.** (*Les précurseurs — La vie de Jésus — Les adv[er-]saires — Les résultats*) par l'abbé Ch. Denis, directeur des *Anna[les] de philosophie chrétienne*.
1 v[ol.]

— **Nature et Histoire de la liberté de conscience**, par M. l'ab[bé] Canet, docteur en philosophie et ès-lettres de l'Université de Louva[in,] ancien professeur de théologie dogmatique au grand séminaire de Ly[on.]
1 v[ol.]

Animal raisonnable et l'Animal tout court, étude de psychologie comparée, par C. DE KIRWAN. 1 vol.

La Conception catholique de l'Enfer, par M. BRÉMOND, docteur en théologie, professeur de dogme au grand séminaire de Digne. 1 vol.

L'Église russe, par J.-L. GONDAL, professeur d'apologétique et d'histoire au grand séminaire Saint-Sulpice. 1 vol.

La Fausse Science contemporaine et les Mystères d'Outre-tombe, par le R. P. Th. ORTOLAN, O. M. I. 1 vol.

Du même auteur : **Vie et Matière ou Matérialisme et Spiritualisme en présence de la Cristallogénie**. 1 vol.

Du même auteur : **Matérialistes et Musiciens**. 1 vol.

Le Mal, sa nature, son origine, sa réparation. *Aperçu philosophique et religieux*, par l'abbé M. CONSTANT, docteur en théologie, lauréat de l'Institut catholique de Paris. 1 vol.

Dieu auteur de la vie, par M. l'abbé THOMAS, vicaire général de Autun. 1 vol.

Du même auteur : **La Fin du monde d'après la foi et la science**. 1 vol.

L'Attitude du catholique devant la Science, par G. FONSEGRIVE, directeur de la *Quinzaine*. 1 vol.

Du même auteur : **Le Catholicisme et la Religion de l'Esprit**, 1 vol.

Du Doute à la Foi, le besoin, les raisons, les moyens, les devoirs, la possibilité de croire, par le R. P. TOURNEBIZE, S. J. 1 vol.

La Synagogue moderne, sa doctrine et son culte, par A. F. SAU. 1 vol.

Évolution et Immutabilité de la doctrine religieuse dans l'Église, par M. PROSIER, supérieur du gr. séminaire de Séez. 1 vol.

La Religion spirite, son dogme, sa morale et ses pratiques, par BERTRAND. 1 vol.

L'Hypnotisme franc et l'Hypnotisme vrai, par le docteur HÉLOT, auteur de *Névroses et Possessions diaboliques*. 1 vol.

Convenance scientifique de l'Incarnation, par Pierre COURBET, ancien élève de l'École polytechnique. 1 vol.

L'Église et le Travail manuel, par M. l'abbé SABATIÉ, du clergé de Paris, docteur en droit canon. 1 vol.

L'Inquisition, son rôle religieux, politique et social, par G. ROMAIN, auteur de *L'Église et la Liberté*. 1 vol.

— **Unité de l'espèce humaine** *prouvée par la Similarité des conceptions et des créations de l'homme*, par le marquis de NADAILLAC. 1 vol.

— **Le Socialisme contemporain et la Propriété**. — *Aperçu historique*, par M. Gabriel ARDANT, auteur de la *Question agraire*. 1 vol.

— **Pourquoi le Roman immoral est-il à la mode et pourquoi le roman moral n'est-il pas à la mode ?** *Étude sociale et littéraire*, par d'AZAMBUJA. 1 vol.

Ouvrages précédemment parus.

— **Certitudes scientifiques et Certitudes philosophiques**, par le R. P. DE LA BARRE S. J., professeur à l'Institut catholique de Paris. 1 vol.

— **L'Ame de l'homme**, par J. GUIBERT, supérieur du séminaire de l'Institut catholique de Paris. 1 vol.

— **Faut-il une religion ?** par M. l'abbé GUYOT, ancien professeur de théologie. 1 vol.

— *Du même auteur :* **Pourquoi y a-t-il des hommes qui ne professent aucune religion ?** 1 vol.

— **Nécessité scientifique de l'existence de Dieu**, par P. COURD, ancien élève de l'Ecole polytechnique. 2ᵉ édition. 1 vol.

— *Du même auteur :* **Jésus-Christ est Dieu**. 2ᵉ édition. 1 vol.

— **Etudes sur la Pluralité des mondes habités et le dogme de l'Incarnation**, par le R. P. ORTOLAN, docteur en théologie et en droit canonique, lauréat de l'Institut catholique de Paris, membre de l'académie de Saint Raymond de Pennafort. 3 vol.

I. — *L'Epanouissement de la vie organique à travers les plaines de l'infini.* 1 vol.
II. — *Soleils et terres célestes.* 1 vol.
III. — *Les Humanités astrales et l'Incarnation.* 1 vol.
Chaque vol. se vend séparément.

— **L'Au-delà ou la Vie future d'après la foi et la science**, par M. l'abbé J. LAXENAIRE, docteur en théologie, et en droit canon, et de l'académie de Saint Thomas d'Aquin, professeur au grand séminaire Saint-Dié. 1 vol.

— **Le Mystère de l'Eucharistie. — Aperçu scientifique**, par M. l'abbé CONSTANT, docteur en théologie, lauréat de l'Institut catholique de Paris. 2ᵉ édition. 1 vol.

— **L'Eglise catholique et les Protestants**, par O. ROMAIN, auteur de : *L'Eglise et la Liberté* et *Le Moyen Age fut-il une époque de ténèbres et de servitude ?* 1 vol.

— **Mahomet et son œuvre**, par J. L. GONDAL, professeur d'apologétique et d'histoire au séminaire Saint-Sulpice. 1 vol.

— **Christianisme et Bouddhisme**, *(Etudes orientales)* par M. l'abbé THOMAS, vicaire général de Verdun. 2ᵉ édition. 2 vol.
Première partie : *Le Bouddhisme.*
Deuxième partie : *Le Bouddhisme dans ses rapports avec le christianisme. — Ascétisme oriental et ascétisme chrétien.*

— **Où en est l'Hypnotisme, son histoire, sa nature et ses dangers**, par A. JEANNIARD DU DOT, auteur du *Spiritisme dévoilé*. 2ᵉ édit. 1 vol.

— *Du même auteur :* **Où en est le Spiritisme, sa nature et ses dangers**. 2ᵉ édition. 1 vol.

Ouvrages en préparation :

— **Les Lois de la nature et le Miracle**, par le R. P. DE LA BARRE S. J., professeur à l'Institut catholique de Paris. 1 vol.

— **Des Divergences dogmatiques et disciplinaires entre les Eglises orientales et l'Eglise catholique**, par le R. P. TOURNEBIZE, S. J. 1 vol.

— **L'Homme et le Singe**, par M. le marquis de NADAILLAC. 1 vol.

— **Les Causes et la Suite de la Conversion de Saint Paul**, par M. LÉVESQUE, professeur d'Ecriture Sainte au séminaire St-Sulpice.

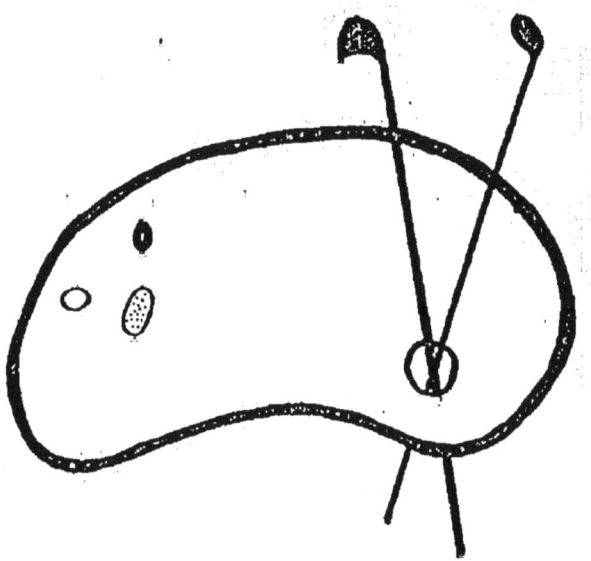

FIN D'UNE SERIE DE DOCUMENTS
EN COULEUR

SCIENCE ET RELIGION

Études pour le temps présent

VIE ET MATIÈRE

ou

MATÉRIALISME ET SPIRITUALISME

EN PRÉSENCE DE LA

CRISTALLOGÉNIE

PAR

Le R. P. Th. ORTOLAN, O. M. I.

Docteur en Théologie et en Droit canonique,
Lauréat de l'Institut catholique de Paris,
Membre de l'Académie de Saint Raymond de Pennafort.

CHAPITRE I.

CRISTALLOGRAPHIE ET CRISTALLOGÉNIE.

I.

Incursions des Sciences physiques dans le domaine de la Philosophie.

L'esprit humain s'agite sans cesse : on le dirait ennemi du repos. Sa faim de savoir n'est jamais assouvie, et son besoin de généraliser le porte à tirer de ses conquêtes, à peine faites, toutes les conséquences possibles pour la pratique comme pour la théorie.

Le mouvement scientifique si intense à notre époque a eu pour conséquence, non seulement de déterminer une foule d'applications utiles pour la vie ordinaire, mais d'éveiller chez bon nombre de nos contemporains le désir, en apparence légitime, de rajeunir l'antique Philosophie, d'en modifier les conclusions, voire même, dans plusieurs cas, d'en renverser les principes.

Selon eux, les étonnants progrès réalisés, en ces derniers temps surtout, par les Sciences expérimentales doivent, à la fois, améliorer les conditions matérielles de l'existence de l'homme ici-bas, et avoir aussi une heureuse influence dans les régions plus hautes de la pensée.

— Comment n'en serait-il pas ainsi, dit-on ?

La Physique et la Métaphysique ne sont-elles pas sœurs, en effet? Ne sont-elles pas destinées à s'unir, à se fortifier l'une l'autre, et à se compléter mutuellement?

N'y a-t-il pas danger pour elles à s'isoler? Leur rapprochement, au contraire, ne leur procurera-t-il pas de nombreux avantages en mettant leurs lumières en commun, et en les concentrant dans un même foyer?

Le but de l'une n'est-il pas de définir les causes suprêmes des faits constatés ou étudiés par l'autre? Leur sort est donc intimement lié. Si celle-ci progresse, celle-là possédera des éléments nouveaux pour édifier ses théories.

Mais aussi, les résultats obtenus par des observations plus exactes seront quelquefois de nature à modifier les idées précédemment reçues, à ébranler des opinions respectables, et même peut-être à renverser de fond en comble des thèses admises comme incontestables jusque-là.

Est-ce un grand mal? Il est bon, sans doute, de vénérer l'antiquité; mais, enfin, la vérité a des droits imprescriptibles contre lesquels nulle considération personnelle ne saurait prévaloir.

C'est encore marcher sur les traces glorieuses des anciens que de retourner contre eux, si cela devient nécessaire, l'axiome formulé par le plus illustre de leurs philosophes, dans une circonstance analogue : *Amicus Plato, magis amica veritas.*

Si elle veut continuer à imposer son enseignement et voir son empire accepté, la Philosophie sera obligée, tout en conservant l'austérité de ses méthodes et la rigueur de ses conclusions, de se montrer un peu conciliante parfois.

Il lui faudra une largeur d'idées suffisante pour grouper autour d'elle, ou sous elle, dans un ensemble harmonieux, toutes les vérités partielles trouvées successivement grâce aux investigations spéciales des hommes de science.

Loin de se tenir en dehors du mouvement contemporain dans cet ordre de choses, elle devra, si ce n'est le diriger ou en être l'inspiratrice, du moins en profiter.

Sous ce rapport, notre siècle, plus encore que les deux précédents, est légitimement fier : il nous a révélé un plus grand nombre de secrets d'une capitale importance ignorés de nos aïeux.

Ce mouvement scientifique ne se ralentit pas, mais il persiste et s'accentue chaque jour davantage. Nul ne serait capable de l'arrêter, et l'on ne gagnerait assurément rien à fermer les yeux pour n'en être pas témoin.

Si les philosophes s'en écartaient de parti pris, ils s'attireraient la défiance et le mépris des savants. Ils seraient volontairement les auteurs d'un schisme dont les conséquences seraient souverainement regrettables pour les intérêts mêmes de la Philosophie. Ils en porteraient devant l'Histoire la lourde responsabilité.

— Jusqu'à quel point faut-il prendre garde à ces objurgations?

Bien connus, les faits constatés par les Sciences expérimentales seront utiles à la saine Philosophie et, par suite, à la Religion elle-même. Mal interprétés, ils seront pour leurs adversaires un puissant moyen de propager leurs erreurs.

Amis et ennemis le sentent fort bien ; aussi veulent-ils à tout prix se couvrir de la Science.

Dans leurs luttes incessantes ils la regardent comme une forteresse inexpugnable, ou comme une arme invincible soit pour l'attaque soit pour la défense. Elle est, à leur avis, une garantie de triomphe assuré.

Les adeptes de diverses Ecoles opposées entre elles nous présentent ce spectacle curieux : on les voit suivre avec un extrême intérêt les découvertes des savants, les discuter avec soin, et tâcher, par toutes sortes de combinaisons ingénieuses, de les tourner à l'avantage de leur propre système.

N'est-il pas étrange que les mêmes faits soient apportés comme preuves de sentiments contraires?

S'ils sont exacts, ils doivent inévitablement être un secours pour les saines doctrines, car deux vérités ne sauraient se combattre.

La fausseté ne trouve un appui dans les découvertes scientifiques qu'en les dénaturant.

Il importe donc beaucoup de les mettre sous le jour convenable et de les dégager des nuages dont la mauvaise foi ou l'ignorance les entoure. Par ce moyen elles seront aptes à entrer dans la vaste synthèse propre à donner aux esprits investigateurs une plus claire vision de l'essence des choses.

Sans cette précaution, elles serviraient plutôt à accumuler les ténèbres et à multiplier les obstacles qui rendent si difficile déjà la conquête de la vérité.

Notre intention est d'exposer dans ces pages quelques phénomènes de Cristallogénie invoqués par les matérialistes en faveur de leurs opinions.

Les études poursuivies avec tant de patience, d'habileté et de succès sur les microzoaires, ont ruiné l'échafaudage élevé par eux pour soutenir leur thèse si chère de la génération spontanée.

Vaincus sur ce terrain, ils se sont réfugiés sur un autre pour dresser des batteries nouvelles.

Ces manifestations de la vie rudimentaire qu'ils n'ont pu signaler dans le protoplasma ou le bathybius, ils ont compté les surprendre dans les cristaux.

Leur but est donc de se prévaloir de la Science si intéressante des édifices cristallins, pour montrer que la matière suffit à produire la vie. Nous espérons dans cet opuscule établir d'une manière très nette le mal fondé de leurs prétentions.

Auparavant faisons connaître en peu de mots l'origine et la nature de cette Science, dont quelques-unes des découvertes sont l'objet de ce travail. Ces réflexions préliminaires serviront à éclairer la suite des raisonnements.

II.

Origine et développement de la Cristallographie.

Sœur, ou plutôt fille de la Géologie, la Cristallographie est une Science relativement récente.

Les formes polyédriques et régulières qu'affectent la plupart des substances inorganiques en cristallisant, avaient depuis bien longtemps frappé l'esprit des observateurs. Néanmoins, elles avaient généralement été considérées comme des résultats accidentels dus au hasard.

On les rangeait parmi ces phénomènes curieux et inexplicables, appelés communément alors des *jeux de la nature*.

Plus tard on remarqua avec plus d'attention la constance de leurs formes. Le célèbre naturaliste Linné en fut particulièrement intrigué, et il essaya le premier d'y trouver un caractère distinctif de l'essence et de la constitution intime des corps.

Ses efforts pourtant ne furent pas couronnés de succès : il ne sut préciser le rapport liant cette configuration apparente à la structure intérieure des minéraux.

Buffon lui-même en nia l'existence, et ne crut pas utile d'y arrêter sa pensée.

Quelques années avant sa mort cependant, cette découverte ne fut plus douteuse, et la Science cristallographique fut définitivement créée.

L'honneur en revient à trois Français, dont il est juste de citer ici les noms : Carangeot, Romé de l'Isle et surtout l'abbé Haüy.

Carangeot eut l'heureuse idée d'inventer l'instrument indispensable pour les recherches de ce genre : le *goniomètre par application*. Avec lui la mesure exacte des angles dièdres des cristaux devenait possible.

C'était une sorte de compas, muni d'un rapporteur en cuivre assez épais, et dont les branches consistaient en deux alidades qu'on appliquait sur les faces de l'angle dièdre à évaluer.

Plus tard, cet appareil fut amélioré et construit sur

une autre base. On eut alors les *goniomètres à réflexion*, soit à axe horizontal (goniomètre de *Wollaston*), soit à axe vertical (goniomètre de *Babinet*). Ceux-ci, d'ailleurs, ne diffèrent entre eux que par quelques détails.

L'ouverture des angles y est appréciée au moyen des effets de lumière déterminés par les facettes du cristal auquel on imprime un mouvement de rotation.

Le goniomètre par application, quoique moins parfait, permit aux premiers cristallographes d'obtenir des résultats d'une délicatesse surprenante.

A la suite de nombreuses mesures prises soigneusement, Romé de l'Isle, dès 1783, fut à même de formuler le principe fondamental de la Cristallographie : l'invariabilité des angles ou de l'inclinaison des faces pour chaque espèce de corps, malgré les dimensions plus ou moins grandes que peuvent acquérir ces faces dans leurs développements successifs.

En même temps, il émit l'opinion que lorsqu'une espèce minérale se présentait sous diverses formes, celles-ci n'étaient que les dérivations d'une forme plus simple et caractéristique.

Sa *Cristallographie* ou *Description des formes propres à tous les corps du règne minéral dans l'état de combinaison saline, pierreuse ou métallique*, ouvrage en quatre volumes in-8° avec figures et tableaux synoptiques, contient l'exposé de son système. Dix ans auparavant, en 1772, il en avait publié un résumé sous le titre d'*Essai de Cristallographie*, qui lui avait attiré des éloges chaleureux de l'illustre Linné.

Cependant ce principe capital de l'invariabilité des angles pour les cristaux de la même espèce, avait été entrevu, un siècle auparavant, et scientifiquement démontré, en 1669, par le danois Sténon. Celui-ci, après avoir séjourné quelques années en Italie, entra dans les ordres sacrés, devint prêtre, puis évêque *in partibus*, et fut nommé par le Souverain-Pontife vicaire apostolique dans l'Europe septentrionale.

Sténon était un homme de génie ; il fut, à la fois, médecin habile, géologue et naturaliste de valeur.

On lui doit, avec de précieuses découvertes pour l'Anatomie, des notions exactes sur les causes auxquelles sont attribuables les dépôts géologiques constituant la croûte terrestre.

En Minéralogie, il ne fut pas moins perspicace. Le principe de l'invariabilité des angles dièdres des cristaux se trouve formulé en toutes lettres dans ses écrits : *Laterum et longitudinem et numerum varie mutari, non mutatis angulis* (1).

Si une découverte de cette importance passa inaperçue, c'est parce que Sténon, partagé entre une multitude d'occupations diverses, ne prit la peine de la vérifier que par l'examen de trois espèces seulement de minéraux. Il ne poursuivit pas plus loin ses expériences à ce sujet.

Mais ce premier sillon tracé d'une main si sûre par l'évêque danois, fut continué, étendu et élargi

(1) *De Solido inter Solidum naturaliter contento, dissertationis prodomus*, Florence, 1669, in-quarto.

par un prêtre français, l'abbé Haüy, véritable fondateur de la Science cristallographique.

Ainsi à un prêtre et à un évêque est due cette Science merveilleuse que les matérialistes voudraient tourner maintenant contre la spiritualité de l'âme, et, par suite, contre la Religion.

Les incrédules tentent par tous les moyens de faire de chacune des Sciences autant de machines de guerre contre nos dogmes; mais ils ignorent, ou affectent trop d'ignorer que la plupart de ces Sciences sont nées et se sont développées sous l'influence de l'Église, par le travail ou le génie des savants chrétiens.

Nous venons de l'indiquer ici pour la Minéralogie, et c'est chose incontestable; nous l'avons prouvé ailleurs en détail pour les autres Sciences : par exemple, pour l'Astronomie moderne et pour le système héliocentrique, œuvre d'un chanoine et d'un cardinal : Copernic et le cardinal de Cusa; pour la Chimie, fondée par les moines : Raymond Lulle, Albert le Grand, Roger Bacon, Basile Valentin, Ripley, etc. (1).

Contemporain de Romé de l'Isle, l'abbé Haüy sut tirer meilleur parti du goniomètre par application.

Ses nombreuses et scrupuleuses recherches, marquées au coin d'une admirable précision, furent fécondes en résultats mémorables.

(1) Pour l'exposé de ces thèses, voir nos deux ouvrages *Astronomie et Théologie*, et *Savants et Chrétiens*, volumes in-8° de près de 500 pages chacun. (Librairie Delhomme et Briguet, 83, rue de Rennes, Paris.)

Elles le mirent hors de pair parmi tous les minéralogistes; auprès de sa gloire celle des autres pâlit.

A lui la Cristallographie est redevable d'avoir pris définitivement place parmi les Sciences exactes, et d'avoir invinciblement attiré l'attention, et comme fasciné le regard pénétrant d'une foule de savants inquisiteurs.

Ses lois des *Troncatures rationnelles* et de *Symétrie* réglant la dérivation des formes secondaires, ont révélé au monde le secret de la structure cristalline.

Il les devina lui-même à la suite d'une découverte presque fortuite dont son esprit observateur et sagace sut déduire toutes les conséquences.

La sensation fut vive chez les savants d'alors, et l'Académie des Sciences, à la presque unanimité des suffrages, lui ouvrit aussitôt ses portes.

C'était en 1783; Haüy avait quarante ans.

L'expérience lui avait appris que le spath calcaire, cristallisé sous la forme prismatique, se brisait suivant des lignes droites, faisant naître de nouvelles faces non moins lisses que les précédentes. Elles se détachaient successivement par minces tranches parallèles décroissant régulièrement, et laissaient finalement à jour un noyau central de configuration rhomboïdale.

Le spath calcaire révélait donc une apparence prismatique, parce que le cristal rhomboïdal du centre, ou noyau intérieur, était enveloppé, parallèlement à ses faces, d'une foule de couches qui se superposaient les unes aux autres, en décroissant régulièrement par certains côtés.

Cette trouvaille fut pour Haüy un trait de lumière :

elle lui fit concevoir sa *Théorie des Décroissements* ou des Lois régissant la structure et les formes cristallines pour chaque espèce de cristal.

Toutes les formes secondaires étaient considérées comme le résultat de troncatures, ou sections planes, régulièrement symétriques, taillées sur les arêtes ou sur le sommet des angles du noyau primitif.

Dans la nature, ces sections s'opéraient par le décroissement régulier des rangées parallèles de particules intégrantes, c'est-à-dire de ces petits solides élémentaires qui par leur groupement constituent les cristaux.

Pour montrer combien sa théorie était certaine, Haüy voulut la vérifier par le calcul. C'est là pour toutes les Sciences expérimentales la suprême épreuve.

Le noyau de chaque espèce minérale étant connu, on devait pouvoir en déduire mathématiquement la valeur des angles et le rapport des lignes limitant les faces secondaires produites par les décroissements successifs.

Cette épreuve fut décisive : non seulement la théorie expliqua clairement les faits connus, mais elle fit prévoir avec non moins de netteté ceux qui ne l'étaient pas encore.

Dès lors, l'abbé Haüy fut regardé comme le principal fondateur de la Cristallographie. Il avait inventé jusqu'aux méthodes de calcul nécessaires, et avait imaginé la notation encore en usage actuellement, représentant à l'avance, grâce à elle, par des formules à lui toutes les combinaisons possibles.

La Minéralogie, qui, jusque-là, à cause du vague

de ses méthodes méritait à peine le nom de Science, fut soumise par lui à des lois rigoureuses.

Il lui donna des principes fixes propres à éclairer sa marche et à provoquer de futures découvertes.

Ces doctrines parurent, dès l'origine, porter avec elles à un si haut degré le cachet de la vérité, et furent accueillies avec tant de faveur par les savants, que les plus distingués d'entre eux, Lagrange, Lavoisier, Laplace, Berthollet, etc., prièrent leur nouveau collègue de l'Académie des Sciences de leur en donner lui-même des explications orales. Conformément à leur désir, il leur en fit un cours particulier.

« Ainsi, dit Cuvier, le modeste abbé se vit-il le maître d'hommes illustres, dont il aurait à peine auparavant osé se proclamer le disciple. »

Après avoir, le premier, présenté une définition exacte de l'espèce minérale, il ramena tous les cristaux à six types ou systèmes fondamentaux, comme la Science le fait encore de nos jours.

C'était, en toute vérité, mettre l'ordre dans le chaos, et fournir à l'esprit un fil conducteur pour ne pas s'égarer dans cet immense dédale.

Sous ce rapport, il ne devait plus rester après lui qu'à développer ses vues ingénieuses, et à perfectionner cette classification dans tous ses détails.

Ce ne fut pas cependant le seul mérite de cet humble prêtre appelé par Cuvier le Newton de la Minéralogie.

Déjà il avait démontré que les formes, en apparence si différentes, des corps cristallisés résultent uniquement du mode d'empilement des cristaux primitifs, ou molécules intégrantes; celles-ci sont des polyèdres extrêmement petits ressemblant au noyau central caractéristique de chaque espèce, et disposés en rangées ou lamelles régulières autour de ce noyau.

Mais il établit, en outre, que la forme des cristaux élémentaires d'un corps était une conséquence de la composition chimique du corps qui leur donnait naissance. Cette proposition inattendue était des plus importantes.

Frappé depuis longtemps par la constance si facilement observable dans les formes compliquées des fleurs, des fruits et de tous les organes des végétaux ou des animaux, il n'avait jamais pu se persuader que celles des minéraux, beaucoup plus simples et d'ordre purement géométrique, ne fussent pas soumises à des lois analogues.

— La rose a toujours les mêmes pétales, se disait-il; le gland, la même courbure; le cèdre, la même hauteur; et un sel minéral pourrait indifféremment se solidifier en cube, en prisme, ou en aiguille, sans que sa composition fût changée d'un atome?

Ce n'est pas croyable, concluait-il. Le genre de cristallisation est assurément un indice de la constitution moléculaire. La Physique et la Chimie se prêtent la main; leurs opérations, même faites séparément, doivent concorder dans leurs résultats, et se perfectionner réciproquement.

— S'avançant résolument dans cette voie, Haüy ne craignit pas d'annoncer aux chimistes qu'en recommençant leurs analyses, ils trouveraient entre certains corps des différences inaperçues auparavant, et que, dans d'autres cas, des êtres regardés jusque-là comme radicalement divers seraient reconnus comme identiques.

Ses prédictions se réalisèrent d'une façon étonnante. Souvent, d'après ses indications, les chimistes découvrirent, dans des combinaisons déjà étudiées, des éléments inconnus qu'une analyse plus exacte leur manifesta.

Ainsi parvint-il à corriger complètement l'ancienne classification des minéraux, d'après laquelle des individus absolument disparates étaient confondus dans la même catégorie, tandis que de simples variétés du même corps étaient éparpillées dans des groupes offrant des ressemblances illusoires.

Poursuivant ses travaux en ce sens, il devint bientôt, de l'avis de tous, le suprême législateur de la Minéralogie. On le chargea de l'enseigner. Dans ce but, le ministre créa spécialement pour lui une nouvelle chaire à la Faculté des Sciences de Paris, tant son mérite était universellement incontesté.

Presque toutes les Académies d'Europe et d'Amérique se firent un honneur de se l'adjoindre comme membre. Au rétablissement du culte catholique en France, Napoléon, qui l'estimait particulièrement, le nomma chanoine de Notre-Dame, et, peu après, chevalier de la Légion d'honneur.

Ces distinctions étaient bien justes, car Haüy avait mis la France à la première place parmi les nations, pour cette branche de l'Histoire naturelle : les plus grands minéralogistes d'alors furent ses élèves, et on lui doit la splendide collection de cristaux encore admirée à l'École des mines de Paris.

Française par son origine, la Cristallographie resta française dans son épanouissement.

Les savants de notre pays eurent, en effet, une part prépondérante dans le développement merveilleux de cette Science magnifique. Ils l'amenèrent à un degré surprenant de précision.

Elle fut, grâce à eux, rangée parmi les Sciences exactes, aussi bien que la Mécanique. On vit, par suite, en Minéralogie, comme en Astronomie et en Physique, les lois présidant à la réalisation des phénomènes recevoir une expression mathématique, et se résumer dans des formules qui en dévoilaient plus clairement la netteté et l'harmonie.

Parmi ceux qui contribuèrent le plus à cette œuvre, il convient de citer en première ligne Delafosse, ancien élève et collaborateur d'Haüy.

Professeur, lui aussi, de Minéralogie à la Faculté des Sciences de Paris et à l'École normale, il fut, en 1857, élu membre de l'Académie des Sciences dont il devint le secrétaire perpétuel.

Par l'étude optique des cristaux et par l'examen de la distribution de leurs propriétés physiques à travers leur masse, il compléta les intuitions de son maître sur leur structure intime, par l'idée lumineuse des *réseaux moléculaires* dont nous dirons quelques mots dans l'un des Chapitres suivants.

Cette conception donna lieu bientôt à de si féconds résultats, qu'elle fut considérée, depuis, comme la base de l'enseignement.

Il en fut ainsi surtout après les brillants développements qu'elle reçut à la suite des travaux de Bravais.

Professeur d'Astronomie à la Faculté des Sciences de Lyon, puis de Physique à l'École polytechnique, Bravais publia ses *Études cristallographiques* en 1849 et en 1851. Trois ans après, il entrait à l'Académie des Sciences, et ses écrits à ce sujet furent réédités en 1866.

Quelques années après, M. Mallard, professeur à l'École des mines de Paris, eut le mérite dans son *Traité de Cristallographie*, en 1879, de rendre la théorie de Bravais plus accessible.

Un bon nombre de démonstrations trop ardues l'avaient condamnée à n'être appréciée que par les mathématiciens de haut vol : il les simplifia, et l'exposa avec les seules ressources de la Géométrie et de l'Algèbre ordinaires.

En même temps, il fit rentrer sous les lois générales certaines anomalies accusées par les phénomènes optiques, et à la notion de l'isomorphisme chimique il ajouta celle de l'isomorphisme des réseaux cristallins.

III.

Cristallogénie.

Ainsi perfectionnée et si remarquable par son rare degré de précision, la Cristallographie est, parmi les Sciences naturelles, une des plus intéressantes pour le philosophe.

Aucune ne nous fournit des aperçus aussi clairs sur la constitution intime des corps.

Elle y pénètre profondément, et nous révèle les secrets de leur structure interne par l'étude détaillée des phénomènes optiques, thermiques, magnétiques et autres. Selon que chez eux s'ordonnent les propriétés physiques, elle nous permet de deviner comment sont rangées dans chaque espèce minérale les molécules intégrantes, ou polyèdres atomiques.

Néanmoins, il ne suffit pas de savoir comment sont composés les corps ; il est très utile aussi de percer le mystère de leur origine : les problèmes de ce genre ont une portée encore plus philosophique.

Ces questions sont l'objet de la Cristallogénie, subdivision de la Science cristallographique. Son but n'est pas simplement de décrire les cristaux, mais de nous indiquer leur mode de formation.

Pour y parvenir, elle a deux moyens : tirer les conclusions qui se dégagent logiquement des observations relatives à leur structure interne, ou bien résoudre directement ces questions par des expériences de cristallisation artificielle.

L'emploi du microscope, par exemple, nous apprend que peu souvent les cristaux sont tout à fait purs. Il nous montre, dans leur sein, des fragments de matières étrangères : on les a nommés des *inclusions*, et elles peuvent être, suivant les cas, solides, liquides ou gazeuses.

Ce sont les restes de la matière amorphe (c'est-à-dire non cristallisée) au milieu de laquelle les cristaux ont pris naissance. Entraînés par le courant déterminé par les molécules en voie de cristallisation, ils sont demeurés ensuite emprisonnés dans leur réseau.

Les inclusions sont nécessairement isotropes. En d'autres termes, les propriétés physiques : élasticité, coefficient de dilatation, conductibilité thermique et électrique, indice de réfraction, etc., y sont les mêmes dans tous les sens, tandis que pour les cristaux elles changent avec les directions.

Extrêmement petites, ces inclusions ont à peine quelques centièmes de millimètre : et celles-là sont les plus grandes. Beaucoup ne dépassent pas quelques millionièmes de millimètre. On ne réussit évidemment pas à les distinguer sans de très forts grossissements.

Mais, en revanche, elles sont parfois très nombreuses. On a pu en compter plus de dix mille dans un espace d'un millimètre carré.

Quand ces inclusions sont solides, on les appelle des *microlithes*, et on les surnomme des *parasites*. Ces microscopiques cristaux sont installés à l'intérieur du gros cristal, leur hôte, comme le sont les microbes et les entozoaires de toute espèce dans les tissus des êtres organisés.

Quelquefois accumulées au centre du cristal enveloppant, d'autrefois réparties en zones parallèlement à ses faces extérieures, ou bien en lignes concentriques, ou encore d'une manière absolument capricieuse, ces inclusions sont la preuve incontestable que plusieurs phases se sont succédé dans la génération du cristal.

Sous l'action de causes étrangères variables, intervenant les unes après les autres pendant le phénomène lent de la cristallisation, l'apport des molécules dans la masse commune peut s'effectuer d'abord dans un sens, puis dans plusieurs autres.

Les molécules similaires tendent bien, il est vrai, à s'orienter suivant leur nature. C'est même la raison intrinsèque du phénomène de la cristallisation. Les premières réunies entre elles et composant le noyau central, attirent les autres, et les forcent à s'aligner sur un même réseau ; mais, en même temps, d'autres agents physiques et extérieurs entrent parfois en scène et contrarient, plus ou moins, l'opération commencée.

Au réseau primitif viennent alors se juxtaposer d'autres réseaux secondaires.

Quant à la production artificielle des cristaux, on sait généralement en quoi elle consiste.

Pour réussir, il suffit d'amener un corps liquide ou gazeux à prendre lentement l'état solide, en le tenant à l'abri des causes extérieures de perturbation. Les dimensions des cristaux seront d'autant plus considérables, et les arêtes d'autant plus régulières, que la solidification aura mis plus de temps à s'achever.

Divers procédés sont employés suivant les cas.

Tantôt le corps solide est d'abord fondu par une augmentation de chaleur, et on le laisse ensuite refroidir lentement : *c'est la cristallisation par fusion ignée.*

Tantôt le corps, réduit à l'état de vapeur sous l'influence d'une haute température, passe directement à l'état solide, quand il est mis en contact immédiat avec une paroi froide : *c'est la voie de la sublimation.*

Ou bien, le corps est simplement dissous dans un

liquide saturé, soit à chaud, soit à froid. La cristallisation se fait ensuite par le refroidissement ou par l'évaporation du liquide : *c'est la méthode par dissolution, ou voie humide.*

Enfin, les réactions chimiques, quand elles sont suffisamment lentes, produisent des corps solides cristallisés. Il en est ainsi d'une foule de précipités formés lentement : *c'est la cristallisation par réaction chimique.*

CHAPITRE II.

MANIFESTATIONS DE LA VIE DANS LES CRISTAUX, D'APRÈS LES MATÉRIALISTES.

I.

Nutrition et croissance.

Aurait-on jamais imaginé que la Cristallogénie fournirait des arguments aux matérialistes ? Mais où l'erreur ne va-t-elle pas se nicher ? Suivant l'adage connu, elle fait flèche de tout bois. Peu lui importent les moyens, pourvu qu'elle parvienne à obscurcir la vérité.

Le cristal est un merveilleux édifice, mais cependant quel contraste entre lui et une plante ou un animal !

Parmi les propriétés caractéristiques des êtres vivants, on a toujours placé avec raison celle de pouvoir se nourrir par l'assimilation d'éléments étrangers introduits dans l'organisme, et y subissant une complète transformation.

En outre, l'être vivant développe proportionnellement toutes ses parties : c'est la croissance.

Complété dans son individualité, et désormais incapable d'acquérir pour lui, il tend à se répandre au dehors, à se multiplier, à se survivre en créant un autre lui-même : c'est la génération.

Toutes ces fonctions constituent les actes de la vie végétative. Les philosophes les ont toujours considérées comme propres aux êtres vivants, et établissant entre ceux-ci et les corps bruts une différence absolue.

Les progrès des Sciences naturelles ont semblé, d'abord, creuser encore davantage cet abîme infranchissable séparant le monde simplement minéral des règnes supérieurs.

Les molécules chimiques, en effet, même les plus parfaites et les plus complexes se distinguent radicalement des cellules vivantes : elles n'éprouvent pas le besoin de se nourrir pour subsister; elles ne grandissent pas et n'engendrent point leurs semblables.

Mais une connaissance plus profonde des lois de la Nature a donné prétexte à des objections spécieuses et subtiles.

Vous supposez, ont dit les matérialistes, une barrière entre les êtres organisés et ceux que vous croyez privés de vie... Pourtant, c'est là une illusion !... Cette barrière est une vaine conception de l'esprit égaré; elle n'existe pas.

Voyez les cristaux, par exemple. Ils sont le trait

d'union incontestable entre la matière amorphe et la matière animée.

Les cristaux se nourrissent ; ils croissent et se reproduisent.

Voulez-vous en être persuadé ?

Maintenez-les dans un milieu apte à leur procurer les éléments nécessaires. Ce milieu ambiant est pour eux ce que l'atmosphère et le climat sont pour les plantes et pour les animaux.

Laissés dans leurs dissolutions avec une température convenable, ils s'adjoignent des particules étrangères ; ils grossissent peu à peu dans toutes les directions en conservant leur forme primitive, car leurs parties se développent proportionnellement.

N'est-ce point là une véritable nutrition et une véritable croissance ?

II.

Reproduction.

Bien plus, dans des conditions analogues, chaque fragment de cristal brisé grandit séparément et reconstitue le type cristallin primitif.

De cette manière, un individu se multiplie en plusieurs autres aussi parfaits que lui.

Ainsi se propagent les végétaux par boutures ; ainsi se reproduisent les animaux inférieurs par scissiparité.

Cette génération des cristaux ne projette-t-elle pas une vive lumière sur le mystérieux phénomène observé chez les vers de terre, les hydres, les actinies et beaucoup d'entozoaires dont chaque morceau coupé donne généralement naissance à un animal entier?

III.

Cicatrisation des blessures.
Reconstitution naturelle des membres amputés.

La Cristallogénie nous réserve une surprise plus étonnante.

Voici un cristal : il a perdu l'un de ses angles solides, ou l'une de ses arêtes.

Replongeons-le dans la dissolution : les mutilations qui le déparent et altèrent sa beauté, disparaîtront bientôt ; l'édifice cristallin se complétera dans sa forme régulière et géométrique.

Avant de croître davantage, il se refera les parties absentes ; puis, il grandira dans un ensemble harmonieux.

Ainsi en est-il du lézard, de l'écrevisse et de certains reptiles, reconstituant la queue ou la patte dont un accident les a privés.

Ce malheur irréparable pour des animaux plus élevés dans l'échelle des vivants, est pour les êtres inférieurs une affaire de mince importance.

Après quelque temps, il ne restera plus trace de la blessure; le membre amputé sera remplacé et renouvelé de toutes pièces ; puis, l'animal continuera sa croissance, comme si jamais pareille épreuve n'était venue fondre sur lui.

IV.

Solidarité des parties correspondantes.

Il est un cas peut-être plus remarquable encore. Posé dans une dissolution sur sa face accidentelle et meurtrie, un cristal tronqué, ne pouvant se régénérer sur ce point, se verra, peu à peu, du côté opposé, affecté d'un mal inexplicable.

Cette partie se désagrégera morceau par morceau, pour disparaître ensuite entièrement. Il perdra ainsi deux angles au lieu d'un.

La maladie d'une face aura eu son contre-coup sur l'autre.

N'est-ce pas là une image frappante de la mystérieuse sympathie constatée entre deux parties similaires du corps chez les animaux : entre les deux yeux, par exemple ?

Que de fois l'état morbide de l'un se communique à l'autre!... Si l'un s'affaiblit ou meurt, l'autre est souvent fort gravement compromis.

V.

Génération spontanée.

Mais voici qui est renversant, en vérité, n'en déplaise aux spiritualistes !

Pour la formation d'un cristal, il n'est pas besoin d'un germe préexistant. Il est facile de voir ce charmant petit être se nourrir, croître et se multiplier. Il n'est guère plus malaisé d'assister à la conception première et à la naissance de l'*embryon cristallin*.

C'est le germe propre à se développer. Il évoluera toujours d'après le même type de préférence à tout autre, absolument comme la graine d'une plante ou le fœtus d'un animal.

Ce germe ne se trouvait nullement dans la matière à l'état amorphe, avant le phénomène de la cristallisation : on l'aurait vainement cherché, et on ne l'aurait pas même aperçu à l'aide du microscope le plus puissant.

Le voilà maintenant tout d'un coup constitué ! Chose étrange ! Il est, dès lors, doué de la singulière aptitude d'imprimer à la masse matérielle des directions fixes, pour reproduire constamment le même type spécifique et la même figure déterminée.

N'est-ce point là décidément la génération spontanée ?

La Nature est prise sur le fait : désormais ce profond mystère est éclairci. Le cristal est le trait d'union entre l'être inanimé et l'être vivant.

Comment chaque corps, en cristallisant, aboutirait-il infailliblement au même type de préférence à tant d'autres possibles, s'il ne possédait, outre la masse étendue et pondérable, un principe formateur auquel il doit nécessairement obéir ?

Ce principe actif ne ressemble-t-il pas d'une manière frappante à celui par lequel l'embryon animal façonne ses organes, d'après un type héréditaire et un plan où tout paraît admirablement prévu, agencé et coordonné ?

Au fond, ce principe supérieur dans l'animal ou le végétal ne serait donc pas d'un autre ordre.

On s'est plu à l'appeler *âme sensitive* ou *végétative*. Mais, en ce sens aussi, les minéraux ont une âme : l'*âme minérale*, principe intrinsèque et actif, conférant à la matière inerte la faculté d'évoluer.

La matière brute a donc une vie analogue à celle des plantes ou des animaux. Cette vie est moins parfaite, sans doute, mais elle rentre dans le même cadre.

Elle est aux derniers degrés de l'échelle, voilà tout.

Mais, aussi rudimentaire qu'on la suppose, pourquoi ne serait-elle pas susceptible de progrès ? Pourquoi échapperait-elle seule à la grande loi de l'évolution régissant tous les êtres ?

Pourquoi, par un enchaînement de transformations successives, ne parviendrait-elle pas à s'épanouir davantage et à se changer en la vie des êtres supérieurs ?

Ne présente-t-elle pas incontestablement les mêmes phénomènes de nutrition, de croissance, de dépendance et de solidarité entre les parties, de reproduction par scissiparité, fragmentation et bourgeonnement ?

La Cristallogénie nous le démontre donc ; dans la molécule chimique, comme dans les êtres organisés se trouve un principe de vie.

Ainsi la vie dans tous ses degrés proviendrait de la matière. Des propriétés de celle-ci découleraient toutes les facultés des êtres vivants : développement, organisation, mouvement, instinct, conscience, mémoire, volonté libre et pensée !...

CHAPITRE III.

HISTOLOGIE ET ANATOMIE CRISTALLINES.

I.

Principes premiers; atomes et molécules.

Malgré le vernis scientifique dont elles sont recouvertes, ces objections ne sont pas de nature à effrayer beaucoup un philosophe spiritualiste et chrétien.

Si le lecteur a pris la peine de lire avec un peu d'attention notre premier Chapitre, il doit voir déjà combien la solution est facile.

En y faisant un rapide historique de la Cristallographie et de la Cristallogénie, nous avons dû nécessairement expliquer un peu en quoi consistent ces Sciences. Nous allons donner ici quelques renseignements complémentaires; ils nous seront utiles pour établir nos conclusions, et montrer dans une claire évidence comment elles sont justes, rigoureuses et indiscutables.

La Science moderne, on le sait généralement, a de très sérieuses raisons pour regarder les corps comme un assemblage d'atomes séparés entre eux, et formant par leur réunion en proportions diverses, des molécules également séparées entre elles par des intervalles très considérables, eu égard à leurs dimensions infinitésimales.

Dans l'état présent des connaissances humaines en

Physique et en Chimie, il n'est guère possible de concevoir autrement les êtres matériels.

La théorie atomique a fécondé la Science; elle est l'interprétation presque indispensable d'une foule de faits observés; elle en laisse deviner d'autres, et les découvertes de chaque jour, en prouvant combien ses prévisions sont justes, viennent la confirmer de plus en plus.

Notre dessein n'est pas toutefois de lui attribuer sans réserve le caractère d'une certitude absolue; c'est une hypothèse. Ayant subi déjà d'importantes modifications, elle en recevra d'autres dans la suite.

Elle n'est pas cependant une conjecture arbitraire, car elle s'appuie sur un fondement solide. Si les progrès futurs doivent en corriger quelques détails, ils la respecteront dans ses principales lignes, et elle subsistera dans son ensemble.

En tous cas, ce ne sont pas les matérialistes qui seront tentés de la répudier, à l'heure actuelle. Ils seraient plutôt enclins à la proposer comme un dogme auquel ils ne permettraient à personne de toucher.

Dans les corps composés ils voient donc, comme nous, de simples agrégats d'éléments infinitésimaux, édifices moléculaires entraînant des différences d'architecture, suivant les combinaisons dont ils sont les effets.

La diversité de ces édifices détermine la mise en jeu d'énergies physiques ou chimiques variées.

On appelle atomes les éléments indécomposables par les moyens dont nous disposons. Ne se touchant pas, ils sont entourés d'une atmosphère d'éther, et sont probablement constitués eux-mêmes par des particules d'éther agglomérées en plus ou moins grand nombre.

Dans la nature on ne rencontre aucun atome libre. Même dans la molécule d'un corps simple, il y en a deux, au moins.

Si le corps est à l'état de gaz ou de vapeur, ils tournent l'un autour de l'autre, comme les astres conjugués d'un système stellaire, et par l'effet des mêmes lois.

Ce sont de véritables constellations atomiques, accomplissant, proportion gardée, ce que font en grand les groupes de soleils dans l'espace.

Ces corpuscules s'influencent réciproquement à des distances infiniment petites, mais avec une force dont on a peine à concevoir l'intensité. Ils s'attirent comme se recherchent dans la nuit les étoiles et tous les astres, à travers l'immensité du ciel.

Les forces d'affinité et de cohésion atomiques ou moléculaires ne sont pas moins puissantes que celles de la gravitation universelle remuant les gigantesques masses sidérales. On aurait tort de juger d'elles uniquement d'après la quantité de matière sur laquelle elles s'exercent.

Comme les mouvements des corps célestes sont basés sur les rapports existant entre leurs distances, ainsi en est-il du mouvement des atomes. Seulement les révolutions de ceux-ci étant extrêmement petites sont d'une rapidité inouïe ; elles se comptent par millions dans un millième de seconde.

A cette vitesse énorme les atomes doivent de paraître immobiles, comme le paraissent aussi, malgré leur course fulgurante, les étoiles du firmament dont les vastes orbites sont par leur éloignement si rapetissées à nos yeux, que les millions de lieues y équivalent à un point presque imperceptible.

Pour les révolutions atomiques les secondes sont des siècles, comme pour les orbes stellaires les siècles sont des secondes ; tout n'est-il pas relatif dans les êtres soumis au changement perpétuel et sujets de l'espace et du temps ?

Mais dans le monde des infiniment petits comme dans celui des infiniment grands, on trouve le même frémissement universel de la matière, la même agitation continuelle, les mêmes vibrations rhythmées.

La musique atomique est l'écho de l'harmonie merveilleuse des sphères célestes gravitant dans l'infini !

Les atomes constituant une molécule oscillent donc entre eux, comme aussi oscillent entre elles les molécules dont un corps est composé. Ce mouvement est en rapport avec leur état calorifique. Lié à la température extérieure, il se modifie avec elle.

Il y a donc ici une distinction à introduire.

Dans un corps solide les molécules conservent leur situation respective, malgré leurs oscillations autour de leur centre de gravité. Elles s'écartent plus ou moins suivant la température, mais le phénomène de la cristallisation suspend ces oscillations ; celles-ci auraient, en effet, pour résultat nécessaire de détruire l'état cristallin.

Dans les liquides les molécules se déplacent incessamment et pivotent, car pour elles le mouvement se transforme en rotation.

A plus forte raison en est-il ainsi dans les gaz dont les molécules, dix fois plus disséminées et animées d'un mouvement de translation rapide, tendent à s'éloigner les unes des autres, en vertu de la force réalisée par la chaleur de vaporisation !

II.

Forme des édifices atomiques ou molécules.

Chaque espèce de molécule possède une forme propre : c'est vraisemblablement un polyèdre géométrique dont les atomes constituent les sommets.

Sa structure dépend surtout de l'atomicité de ses éléments.

L'atomicité est l'aptitude d'un corps simple à se combiner avec un nombre fixe d'atomes d'hydrogène ou d'un autre élément analogue à l'hydrogène sous ce rapport.

Un atome de chlore, par exemple, s'unit à un seul atome d'hydrogène, et il en résulte une molécule d'acide chlorhydrique, HCl.

Au contraire, l'atome d'oxygène demande deux atomes d'hydrogène pour composer une molécule d'eau, H^2O.

Bien plus, l'atome d'azote, dans la molécule de l'ammoniaque AzH^3, n'est saturé que par trois atomes d'hydrogène, et il en faut quatre dans le gaz des marais, CH^4, pour épuiser la capacité de saturation d'un seul atome de carbone.

On exprime ces particularités en disant que l'atome

de chlore est monoatomique ; celui d'oxygène, diatomique ; celui d'azote, triatomique ; et celui de carbone, tétratomique.

Par l'atomicité des éléments est indiquée la véritable mesure de leur équivalence, c'est-à-dire de leur aptitude à se remplacer dans les combinaisons successives, tout en conservant à celles-ci leur degré précédent de saturation.

Dans certains corps cependant l'atomicité paraît variable. Ainsi, par exemple, ceux de la famille de l'azote, généralement triatomiques, sont parfois pentatomiques.

Cela se produit dans les combinaisons indirectes de second ou de troisième ordre dans lesquelles s'unissent, non des corps simples, mais des corps composés.

Enfin, l'atomicité peut varier également avec des différences, même assez faibles, de température et de pression.

Ce sont là autant de notions importantes et de précieux indices dont on a très souvent à tenir compte dans les cas assez fréquents de polymorphisme.

Grâce à ces diverses connaissances, les chimistes modernes ont été à même de représenter la structure de chaque molécule par un *schéma* exprimant un grand nombre de ses propriétés. Celles-ci peuvent même souvent être prévues comme une conséquence du mode de structure des édifices atomiques.

Par les schémas on n'a pas la prétention de dessiner réellement la structure géométrique de ces édifices minuscules, invisibles même au microscope. On ne songe pas à montrer quels sont dans l'espace les vrais rapports de leurs atomes.

Les structures schématiques sont surtout rationnelles. Elles ont pour but d'exprimer le mode de saturation réciproque de chaque atome.

En indiquant le sens suivant lequel les molécules tendent à se diviser, elles font prévoir leurs combinaisons possibles, ou leurs réactions principales, et permettent d'expliquer leur isomérie.

Pour les chimistes, les corps privés de vie se distinguent *essentiellement* les uns des autres par *l'uniformité et la stabilité* de leurs édifices atomiques, ou molécules.

La *cause substantielle* des corps est, selon eux, l'ensemble des forces d'attraction et d'affinité auxquelles les atomes, en se groupant, obéissent d'une façon identique, quand les circonstances du milieu ambiant ne changent point.

Les corps minéraux sont considérés comme des individus de la même espèce, quand leur molécule comprend le même nombre d'atomes de même nature, semblablement disposés.

L'identité spécifique est donc fondée sur l'identité du *polyèdre moléculaire*.

Ces polyèdres moléculaires pouvant ensuite se grouper diversement les uns par rapport aux autres, suivant les conditions au milieu desquelles un minéral liquide ou gazeux passe à l'état solide, donnent naissance à une foule de variétés au sein d'une même espèce.

Les corps résultant de ces divers modes de groupement des molécules entre elles, se distinguent parfois beaucoup par la forme extérieure, la couleur et les autres propriétés physiques. La divergence peut même être si tranchée, qu'ils paraissent de prime abord appartenir à des espèces réellement différentes.

Si l'on s'en tenait à l'examen des propriétés physiques, on serait donc fréquemment exposé à se tromper étrangement dans la manière de classer les minéraux.

Que de fois l'on réunirait dans une même catégorie ceux qui doivent être séparés, et réciproquement ! Des ressemblances fondées sur quelques analogies superficielles induiraient souvent en erreur.

L'Analyse chimique, au contraire, pénètre au plus intime des corps. En nous révélant la nature et le nombre proportionnel de leurs atomes, elle détermine les bases d'une classification plus légitime.

III.

Structure interne des cristaux.

Les polyèdres atomiques élémentaires ayant une forme extérieure bien caractérisée et d'ordre géométrique, possèdent nécessairement un axe et des pôles suivant lesquels s'exerce l'attraction moléculaire.

En se joignant pour la création d'un édifice, quelque minuscule qu'il soit, les atomes doivent évidemment tendre à se mettre en équilibre, c'est-à-dire à se disposer avec symétrie ; sans cela l'existence de la molécule serait impossible.

Si elle avait en elle-même des germes de division, comment serait assurée sa permanence ? Quel moyen aurait-elle de résister, avec quelque chance de succès, aux agents externes de destruction qui ne cessent de la solliciter de part et d'autre?

Sa structure offrirait des points vulnérables là où ses parties seraient irrégulièrement distribuées.

Ce seraient comme des fentes ou des lézardes dans un mur, et ce défaut d'équilibre entre ses parties compromettrait gravement sa stabilité.

Si donc elle a réussi à se constituer en un seul tout, malgré les influences étrangères qui s'opposaient à la réunion de ses éléments, elle n'a pu le faire que par l'arrangement symétrique de ceux-ci autour d'un centre de gravité.

La molécule est donc un solide géométrique. On est en droit de la considérer comme divisible, par la pensée du moins, en tranches d'atomes perpendiculaires à son axe et identiques deux à deux de chaque côté.

Il en résulte une architecture mathématique d'une admirable simplicité. Que faut-il de plus pour comprendre le phénomène de la cristallisation et la perfection incomparable des cristaux?

Les molécules ayant toutes leurs pôles et leur système d'axes particulier, on devine sans trop de peine pourquoi lorsqu'elles ne sont pas soumises à des influences étrangères, elles se groupent de telle façon plutôt que de telle autre.

Dès lors, on voit combien la forme de celle autour de laquelle les autres viennent se placer, influe sur la configuration définitive du cristal.

Nous l'avons déjà dit, les corps cristallisent, lorsque, l'acte de la solidification s'opérant lentement et sans trouble, aucune cause perturbatrice n'empêche les molécules d'obéir aux seules forces d'attraction dépendant de leur forme.

Elles se fixent, alors, les unes à côté des autres, d'une manière absolument symétrique, à des intervalles régulièrement limités. Leurs axes et leurs pôles homologues sont tous dirigés dans le même sens.

Rangées sur des lignes et des plans parallèles, elles constituent une sorte de *réseau uniforme* dont chaque maille est un parallélogramme infiniment petit.

Dans le sens de l'épaisseur du cristal, il existe aussi une infinité de ces plans superposés les uns aux autres. Leur ensemble forme un *assemblage réticulaire*, dont les mailles ne sont plus seulement des parallélogrammes, mais des parallélipipèdes infiniment petits.

On a donné à ceux-ci le nom de noyaux, ou mieux de *cellules cristallines*.

Les explications précédentes font bien saisir le sens de ces expressions constamment employées en Cristallographie : *réseaux moléculaires*, ou *réseaux cristallins ; plans réticulaires* et *assemblages réticulaires ; réseaux plans à mailles parallélogrammiques*, etc.

En résumé (et c'est pour la question étudiée une conclusion d'une extrême importance,) dans le phénomène de la cristallisation la matière tend donc naturellement vers le *maximum de symétrie*, par un effet même *d'équilibre et de mécanique*.

Il en est ainsi parce que l'édifice moléculaire, quand il n'est pas contrarié dans sa formation, se construit *de manière à posséder la plus grande stabilité possible*.

Telle est l'origine de la structure cristalline, état de perfection pour les corps bruts, car ils revêtent généralement alors une beauté et un éclat admirables. Ils acquièrent le brillant et le poli des pierres précieuses taillées par le plus habile ouvrier.

Rien de plus délicat, de plus harmonieux et de plus coquet.

Une géométrie sévère, en donnant aux angles une constance invariable pour les mêmes espèces, trace les facettes et en arrête les contours; mais elle le fait toujours avec un goût exquis.

Les artistes les plus renommés pourraient, là comme ailleurs, s'instruire à l'école de la Nature.

Ces cristaux groupés entre eux par sa main invisible, dessinent des étoiles, des croix, des fleurs, des arborescences d'une élégance merveilleuse; tandis que chacun d'eux, pris à part, possède une physionomie spéciale, indice de sa constitution intime, comme les traits du visage chez une personne sont un signe certain de son caractère particulier.

IV.

Production des faces secondaires.

Toutes les formes cristallines, si nombreuses soient-elles (et on les compte par milliers,) se ramènent, comme nous l'avons dit plus haut, à six types fondamentaux dont elles sont les variétés.

Voici comment on explique cette filiation.

Si, tandis que les molécules sont sollicitées par leurs propres tendances à se grouper uniformément, un agent extérieur vient les gêner et combattre en un certain sens la force attractive, par exemple vers une arête ou vers un angle, elles se réuniront en cet endroit en moins grand nombre.

Cette cause continuant à agir sur toutes les molécules nouvelles à mesure qu'elles arrivent, chaque couche sera un peu moins étendue que la précédente.

Mais ces décroissements successifs étant, par l'essence des choses, infiniment petits et dans le même plan, engendront des faces secondaires parfaitement lisses, disposées symétriquement, elles aussi, par le même motif d'équilibre dont nous avons parlé déjà.

Ces dernières sont comme des pyramides surajoutées aux faces principales : les lamelles dont elles sont composées, subissent vers leurs bords une soustraction régulière d'une ou plusieurs files de molécules ; c'est ce qui leur donne une direction plus ou moins inclinée, toujours conforme cependant aux lois de la symétrie.

Du reste, elles sont parfaitement planes et polies, car les rangées moléculaires successivement enlevées ont une petitesse infinitésimale.

Telle est cette fameuse *loi des décroissements* découverte par le célèbre fondateur de la Science cristallographique, l'abbé Haüy. La conception des réseaux moléculaires est de son élève Delafosse, mais elle se trouvait en germe dans les idées du maître.

La Théorie des décroissements lui avait permis non seulement de rendre raison des variations constatées dans la forme extérieure des cristaux, mais encore de prévoir à l'avance des cas observés seulement longtemps après lui.

Toutes ces modifications doivent être certainement attribuées à l'influence des causes extérieures, contrariant l'attraction axiale et latérale des molécules.

Loin d'être une exception à la règle posée, elles en sont une évidente confirmation.

V.

Isomorphisme et Polymorphisme.

Quoique chaque espèce ait un mode particulier de cristallisation caractérisé par l'invariabilité de ses angles, on rencontre cependant des corps *isomorphes*. On appelle ainsi les minéraux dont la forme de cristallisation, sans être absolument identique, est pourtant très approchée.

Ce sont généralement ceux dont les molécules ont le même type chimique de combinaison, et par suite les mêmes formules schématiques.

Une foule d'expériences délicates et précises ont démontré, en effet, que l'isomorphisme et le polymorphisme dépendent de la similitude ou de la dissemblance des polyèdres moléculaires.

Ces phénomènes tiennent moins à la *nature* des

atomes constituant la molécule qu'à leur *arrangement*.

Les combinaisons dans lesquelles entrent des atomes de nature différente, mais disposés de même façon, donneront naissance à des corps isomorphes.

Au contraire, les combinaisons isomères, dans lesquelles les atomes de même nature et en même nombre sont arrangés diversement, occasionneront le phénomène du polymorphisme.

Il a lieu non seulement pour les corps composés (et c'est alors assez facile à comprendre,) mais aussi pour les corps simples.

Ce dernier cas ne laisse pas de paraître d'abord impossible. Mais tout s'explique, si l'on remarque que, sous l'influence de causes multiples et principalement de la température, les molécules identiques d'un corps simple se combinent entre elles et s'agrègent de diverses façons.

Nous avons dit que l'ismorphisme absolu est chose rare. Une mesure exacte des cristaux révèle toujours une certaine différence dans les angles, et celle-ci peut aller jusqu'à plusieurs degrés.

Si la ressemblance des formes dans l'isomorphisme est due à la similitude de constitution du groupement atomique, les petites différences angulaires, constatées dans la plupart des cas, sont produites par la différence de nature des atomes entrant dans des combinaisons de même type.

Ainsi se trouve confirmée précisément par l'isomorphisme, qui paraissait devoir l'ébranler en partie, la proposition formulée par Haüy depuis un siècle environ : à chaque corps susceptible de cristalliser appartient une forme particulière, distincte de celles de tous les autres,

La parenté de formes existant entre les corps isomorphes, leur communique la faculté de se substituer les uns aux autres, par couches successives et en proportion indéfinie, dans la composition d'un même cristal, sans en altérer sensiblement la structure.

Ainsi à l'isomorphisme chimique correspond l'isomorphisme réticulaire, par la juxtaposition de plusieurs portions de réseaux à peu près identiques, et pouvant dès lors s'unir les uns aux autres, sans que l'édifice total dans son ensemble en soit visiblement modifié.

CHAPITRE IV.

LES CRISTAUX VIVENT-ILS ?

I.

Leur nutrition et leur croissance sont-elles des actes vitaux ?

Après avoir brièvement rappelé les données actuelles de la Science sur le phénomène de la cristallisation et sur les principales curiosités qui s'y rattachent, il va nous être maintenant plus facile d'examiner directement les objections proposées et d'en présenter une solution très claire.

— Les cristaux se nourrissent et grandissent; donc ils ont la vie, disent les matérialistes.

— Dans les pages précédentes nous l'avons exposé nous-même ; oui, les corps bruts peuvent se développer.

Mais quelle différence entre leur croissance et celle des êtres vivants!...

Un cristal augmente sa masse, sans doute; mais ce n'est pas par une véritable assimilation d'éléments étrangers, comme cela se fait dans la nutrition; c'est par le groupement extérieur de molécules similaires.

En outre, ces agrégations de particules identiques, recouvrant par rangées successives, ou par feuillets superposés, les couches plus centrales qu'elles entourent de tous côtés, sont produites par le jeu de forces aveugles d'une rigueur toute mathématique.

Libre aux chimistes, s'ils le veulent, d'appeler nutrition ce qu'ils savent fort bien être le simple effet des forces de cohésion et d'affinité moléculaires, plus ou moins modifiées par les agents externes et la température ambiante; mais qu'on ne s'y trompe pas ; parler ainsi c'est parler en métaphore.

Les figures de style se glissent non seulement dans les belles-lettres, où elles constituent l'agrément du discours, mais aussi dans le langage scientifique, où cependant l'exactitude est si nécessaire.

Au sens naturel, le mot nutrition signifie tout autre chose.

Par l'acte ainsi désigné un vivant n'ajoute pas seulement des particules aux particules similaires déjà possédées (ce serait une juxtaposition ;) mais il fait siens par *intussusception* des éléments différents, et les transforme en ses divers organes. Ceux-ci, en effet, se renouvellent continuellement, à mesure que le travail ininterrompu de la décomposition quotidienne les altère, les use et les détruit.

Un être vivant croît donc, non seulement dans sa forme apparente et externe, mais aussi en même temps dans toutes ses parties les plus intimes et les plus cachées.

Or, combien ces parties ne diffèrent-elles pas entre elles ? Ce sont des organismes distincts par leur configuration, par la nature de leurs éléments, par les fonctions qui leur sont propres. Entre ces organes règne une véritable hiérarchie qui les maintient dans leur rôle, et les force à travailler de concert pour le bien de l'ensemble.

Tous ces organes s'épuisent par le travail fourni et ont besoin de se reconstituer.

Voilà pourquoi, jusque dans ses profondeurs, l'être vivant est traversé par deux courants opposés.

L'un apporte la mort, car il enlève pierre par pierre, ou mieux molécule par molécule, les assises de l'édifice corporel et tous les matériaux de l'organisme.

L'autre amène la vie et comble, aussitôt qu'elles sont ouvertes, les brèches incessamment creusées par le principe de la destruction.

En s'emparant des substances environnantes pour se les approprier, l'être vivant chasse tour à tour celles dont il avait auparavant fait l'acquisition. Dans les cristaux, au contraire, les molécules nouvelles s'ajoutent aux anciennes sans les expulser.

Malgré ce double mouvement, flux et reflux d'atomes appelé le tourbillon vital, qui dure jusqu'à la

Comment s'étonner que les Byzantins aient discuté sur le sexe des anges

mort, l'être animé conserve constamment sa forme et ses dimensions, dès qu'il a atteint une certaine limite au delà de laquelle il ne saurait s'étendre.

Ses éléments matériels sont tous bientôt remplacés par d'autres ; mais ses parties internes et externes, si dissemblables, ne sont pas modifiées dans leur contexture. En croissant, elles ont gardé entre elles la même proportion.

Si l'une d'elles s'atrophiait et n'obtenait pas son développement normal, tandis que ses voisines y arrivent, la vie elle-même disparaîtrait. Elles réagissent toutes, en effet, les unes sur les autres, et sont coordonnées dans une véritable hiérarchie.

Dans son accroissement cet être conserve donc sa forme primitive, car la vie exige des organes nombreux, dont les fonctions sont nettement caractérisées, et les relations mutuelles rigoureusement définies. Un cristal, au contraire, peut, en augmentant, varier de forme plusieurs fois.

Voici un fragment d'alun. Laissons-le dans une dissolution du même sel : il grandira et se présentera bientôt comme un octaèdre régulier.

Transportons-le, maintenant, dans une solution identique, dans laquelle nous aurons auparavant délayé de la craie ; il augmentera encore, mais deviendra cubique.

Replacé dans la première, il grandira de nouveau et reprendra la forme de l'octaèdre.

Si nous avons eu la précaution, avant chaque immersion, de le couvrir d'une légère couche de carmin, il nous sera facile de distinguer en lui les transformations successivement subies.

On pourrait même déboîter ces diverses enveloppes et les séparer les unes des autres, à la condition d'avoir frotté, avant chaque accroissement nouveau, la surface du cristal avec un corps gras.

Quelquefois aussi, comme dans le quartz, le sulfate de soude, le salpêtre et autres, les diverses couches ne se touchent pas, et l'intervalle est rempli par un liquide laissé par la solution très concentrée dans laquelle s'est constitué le cristal.

D'après les matérialistes, la dissolution au sein de laquelle le cristal se développe serait pour lui ce que sont l'atmosphère et le climat pour les plantes et pour les animaux.

Cependant jamais les variations de conditions climatériques n'imposent aux êtres vivants des modifications aussi complètes.

Elles peuvent, nous n'en disconvenons pas, exercer une réelle influence sur leur état pathologique, et paralyser, ou exciter plus ou moins, les fonctions de leurs organes ; mais elles ne changent pas aussi radicalement leur forme.

Nous avons fait allusion déjà à une autre différence fort caractéristique : l'accroissement des cristaux est illimité, pourvu qu'on les maintienne dans une dissolution suffisamment riche.

Chez les vivants, au contraire, la croissance parvient à un terme, et ce terme ne saurait être dépassé.

A chacun d'eux s'applique cette parole dite aux hommes pour humilier leur orgueil : *Quis potest adjicere ad staturam suam cubitum unum ?*

Illimité dans sa masse, l'accroissement des cristaux est aussi indépendant d'un autre facteur : le temps. Mais chez les vivants, le tourbillon vital persiste relativement peu.

A un moment précis, parfois sans cause apparente, par la seule disparition d'un principe intrinsèque échappant à l'analyse chimique, il cesse tout à coup et s'arrête sans retour : c'est la mort, dénouement fatal et inévitable de la vie.

Resterait-il dans le même climat, sur le même terrain lui fournissant en abondance les aliments convenables, dans le même milieu et dans des conditions identiques de température et d'humidité, l'être qui a perdu la vie ne grandira plus.

Il se divisera et se désagrégera en parties incapables de reconstituer le même être, alors que les fragments d'un cristal brisé recommenceraient à attirer de nouvelles molécules et à croître indéfiniment.

Bientôt, cet être, si beau naguère, ne sera plus qu'une ruine, un tas de poussière ou de cendres, jouet des vents et soumis d'une façon toute différente aux agents physiques extérieurs.

Ses éléments, unis tantôt par le lien mystérieux de la vie et maintenant échappés à son influence, serviront peut-être à nourrir un autre individu. Ils entreront dans un autre organisme, peut-être même dans celui d'un rejeton vigoureux à peine sorti du sol au milieu de ces informes décombres, comme la jeune tige repoussant à côté d'un tronc décrépit ; mais ils seront désormais inutiles pour l'être auquel ils appartenaient.

Qui donc serait capable d'expliquer ce mystère ?

Pourquoi cette vie, incessamment transmise d'individu à individu, ne peut-elle pas persévérer dans le même être ?

Pourquoi, dans celui-ci, une phase de croissance et de force, suivie d'un affaiblissement continu et de plus en plus complet ?

A peine né on le voit, malgré ses chétives apparences et la délicatesse de ses organes, doué de la propriété merveilleuse d'accaparer tout ce qui lui plaît, et de l'incorporer à sa substance.

Puis, une fois développé, magnifique dans sa force, quand rien ne semble plus devoir lui résister, alors, il ne sait plus lutter victorieusement; tous ses combats sont des défaites de plus en plus irréparables.

Non seulement il est impuissant à s'assimiler de nouveaux éléments étrangers; mais il ne réussit plus, malgré des efforts désespérés, à retenir ceux qu'il possédait auparavant.

Jusqu'à présent les profits avaient toujours largement dépassé les pertes; maintenant, c'est le contraire; le *déficit* s'accentue tous les jours davantage; un abîme se creuse de plus en plus profond, et le malheureux calcule l'instant fatal où il y sera pour jamais englouti.

En d'autres termes, pourquoi, après avoir accompli durant plusieurs années cet étonnant miracle de transformer les aliments en sa substance, ne trouve-t-il plus dans ces mêmes aliments, nous ne dirons pas la force de croître encore, mais celle de se maintenir dans le même état ?

Serait-il, pour lui, plus difficile de garder que d'acquérir ? mais, partout ailleurs, les choses se passent bien différemment !...

Pourquoi nous est-il donné de voir ainsi constamment la mort empiéter sur la vie, et la vie sur la mort ?

Pourquoi le vivant est-il réduit à demander au mort une vie que celui-ci n'a plus ?

Et pourquoi la nutrition, dont le résultat est d'opérer une sorte de résurrection en transformant le mort en vivant, ne peut-elle conserver au vivant arrivé à l'épanouissement de sa beauté et de sa force, cette vie qui lui échappe et dont il sera bientôt privé ?

Ce n'est pas de cette sorte qu'un cristal se nourrit. Toujours il possède la faculté d'attirer de nouvelles molécules et de grandir indéfiniment, en augmentant sa masse.

Le cristal ne meurt point.

Pourquoi ?

Précisément parce qu'il ne vit pas.

Cette conclusion rigoureuse découle évidemment des réflexions précédentes : la nutrition cristalline n'est pas une action vitale.

Sous ce rapport, malgré les apparences, il y a donc entre lui et le vivant une ligne de démarcation bien tranchée ; cette barrière est absolument infranchissable.

II.

L'Origine des cristaux est-elle comparable à la naissance des êtres ? La Génération spontanée.

La différence n'est pas moins profonde entre le mode de génération des cristaux et celui des vivants.

On ne saurait en aucune façon comparer la multiplication des cristaux par fragmentation à la propagation des végétaux par boutures, ou à celle des animaux inférieurs par scissiparité.

Un cristal se reproduit, identique à lui-même, lorsque ses débris, même irréguliers, sont maintenus dans une dissolution saline assez riche pour leur fournir les matériaux nécessaires à leur accroissement.

Mais qui ne le devine? la génération ici dépend plus du milieu ambiant que des morceaux eux-mêmes considérés comme germes ou fondement des êtres futurs.

Peu importe, en effet, la forme de ces fragments ; ils sont là comme de simples noyaux, centres de force, attirant les molécules du liquide saturé, et les contraignant à se grouper selon le même réseau.

En outre, l'embryon cristallin ressemble ordinairement au cristal, ou du moins, se ramène au même type. L'embryon des êtres organisés n'a, le plus souvent, aucun trait de ressemblance avec l'être auquel il donnera naissance. Quelle différence, par exemple, entre une graine et la plante qui doit en sortir!

Remarquons-le ; dans cette dissolution les cristaux se formeront, même si on n'introduit aucune partie d'un cristal déjà existant.

Est-ce là un cas bien caractérisé de génération spontanée, comme le prétendent les matérialistes?

Pour le croire, il faut extrêmement s'abuser.

L'explication du phénomène est des plus simples.

A mesure que s'effectuera l'évaporation ou le refroidissement du liquide, l'énergie des forces étrangères qui retiennent les molécules séparées, diminuera peu à peu. L'attraction moléculaire, ou force de cohésion, n'étant plus contrebalancée, augmentera d'autant, et le corps cristallisera.

Le nombre et la grandeur des cristaux dépendront uniquement de la volonté et de l'habileté de l'expérimentateur.

En est-il ainsi pour l'origine des êtres vivants, animaux, plantes ou zoophytes?

La génération spontanée est désormais condamnée au nom de la Science. La vie vient de la vie.

Ces êtres, pour exister, ont absolument besoin d'un germe antérieur, et le milieu ambiant ne suffit pas à les produire.

A notre époque encore, des observateurs superficiels ont confondu les conditions réclamées par les exigences de la vie organique avec la cause même de la vie ; mais ces doctrines ne sont plus soutenables.

Oui, sans doute, il faut à l'être vivant une certaine

température, de la chaleur et de l'humidité. Il lui faut aussi autre chose : le germe est indispensable (1).

Or, il convient de faire ici une considération d'une souveraine importance.

Une dissolution saline produit toujours, vu ses éléments, les mêmes cristaux. Comme nous l'avons exposé, le dimorphisme et le polymorphisme se rattachent surtout aux circonstances dans lesquelles s'opère la cristallisation.

La variété des formes est liée à une variété des forces externes ; mais sous ces formes secondaires, moins stables en général, les corps deviennent plus facilement pulvérulents. La poussière qui en résulte, se compose de cristaux microscopiques présentant la forme propre à ces substances, quand elles cristallisent à la température ordinaire et à l'abri de toute cause perturbatrice.

Et tandis qu'une dissolution saline produit toujours, en principe, les mêmes cristaux, au contraire dans la même atmosphère, sous le même climat, avec la même température, naissent et vivent les êtres organisés les plus différents de forme, de taille, de forces et de propriétés.

Là encore, entre le règne minéral et les règnes supérieurs, nous trouvons un abîme profond ; de ce côté, la ligne de démarcation n'est pas moins nettement tracée, et la barrière demeure infranchissable.

---

(1) Voir notre Opuscule, *Les Humanités astrales*, Chapitre II. (Bloud et Barral.)

III.

Que faut-il penser de la cicatrisation des blessures et de la reconstitution naturelle des parties enlevées?

Un cristal a perdu l'un de ses angles solides ou l'une de ses arêtes. On le replonge dans la dissolution et les plaies se ferment bientôt. L'édifice cristallin se complète; les irrégularités disparaissent et les vides sont comblés.

Faut-il voir dans ce phénomène un acte vital?

Pas le moins du monde.

Ce fait, étonnant au premier abord, n'est plus mystérieux, si l'on considère la loi de symétrie présidant à la formation de tout cristal, et régissant le développement de ses faces conformément à la structure de ses molécules intégrantes.

Nous l'avons suffisamment expliqué plus haut : chaque groupe atomique a une figure extérieure bien déterminée; de plus, en s'unissant, les atomes doivent fatalement tendre à se mettre en équilibre, c'est-à-dire à se disposer symétriquement : c'est une condition indispensable de stabilité.

Si donc l'équilibre a été rompu quelque part, il doit être rétabli, par addition d'un côté, ou par soustraction de l'autre, si l'addition n'est pas possible. Sans cela l'existence du groupe serait compromise, les forces en sens contraire ne se balançant plus. Des fissures se produiraient; puis des ruptures et des morcellements.

C'est donc une pure question de Mécanique : rien

ne se passe d'un côté de la molécule qui ne doive s'effectuer aussi du côté opposé.

Le cristal, résultant de l'agglomération régulière et symétrique des molécules, est évidemment soumis aux mêmes conditions.

S'il perd l'une de ses arêtes, ou l'un de ses angles, l'équilibre est brisé en cet endroit; et si le milieu ambiant lui fournit encore des molécules similaires, elles se précipiteront là, et non ailleurs, attirées irrésistiblement par les forces d'attraction qui ne sont plus satisfaites.

Aussi, cette réparation s'opère rapidement, en général, et le cristal reprend son accroissement seulement lorsqu'elle est terminée.

Mais quelle différence encore entre cette reproduction d'une arête, ou d'un angle, et la reconstitution d'un membre chez un vivant; par exemple, de la patte d'une écrevisse, ou de la queue d'un lézard!...

Ici reviennent à juste titre toutes les considérations faites précédemment : un cristal est composé par juxtaposition de molécules similaires; le membre d'un animal est un ensemble de parties organisées ayant chacune sa forme, sa constitution intime, ses fonctions et ses propriétés spéciales.

Entre les deux cas encore il n'y a donc aucune parité à établir.

IV.

Sympathie ou solidarité des parties correspondantes.

La même loi de symétrie donne la raison de cet autre phénomène qu'on nous oppose.

Parfois un cristal, au lieu de se refaire l'angle perdu, perd, en outre, l'angle correspondant.

Cela arrive, lorsque, placé au fond du récipient contenant la dissolution, il repose sur la face accidentelle. Celle-ci, gênée par la paroi qui la soutient, est évidemment impuissante à reconstituer la partie enlevée. Mais l'équilibre ne pouvant rester indéfiniment rompu, se rétablit par la disparition du côté opposé.

Qui n'en verrait clairement le motif? Ce côté est toujours également attiré par la force de dissolution du liquide, tandis qu'il n'est plus assez retenu par la force de cohésion propre au cristal. Comment ne se désagrégerait-il pas? le contraire serait un miracle.

Dans l'acte de la cristallisation, en effet, se trouvent en présence deux forces antagonistes agissant en sens contraire.

Par la force de cohésion les parties similaires se portent les unes vers les autres; mais, par une force qu'on pourrait appeler force de combinaison, le liquide dans lequel un corps est dissous, tend à garder ces mêmes molécules, et à les empêcher de se rapprocher en les séparant.

Si cette attraction de combinaison faiblit, le corps passe à l'état solide; si elle domine, le corps déjà solidifié se dissout de nouveau.

Tout s'explique donc bien clairement; il n'y a pas plus là d'opération vitale que dans un quartier de glace qui se fond, se congèle de nouveau, et refond une fois encore, sous l'influence des forces mises successivement en jeu par les variations de température.

Les matérialistes doivent être bien dépourvus de preuves, pour se contenter de pareils arguments !

CHAPITRE V.

LA MATIÈRE MINÉRALE ET LA MATIÈRE ANIMÉE.

I.

Contrastes frappants.

Tous les phénomènes cristallins, nous l'avons surabondamment démontré, se réduisent donc à une question de Mécanique et d'équilibre. Ils sont soumis à une loi mathématique constamment appliquée, et les exceptions apparentes, étudiées de plus près, deviennent une confirmation de cette loi rigoureuse.

Au contraire, dans les corps organiques cette loi mathématique est perpétuellement éludée ; elle est violée, et dans la forme de l'être et dans la nature de ses opérations.

Dans la forme, d'abord. Quoi de plus géométrique que les cristaux, malgré leurs innombrables variétés ? Partout des lignes droites, des plans, des pointes et des arêtes tranchantes.

Quel contraste, à cet égard, de la part des êtres vivants !...

Chez eux, pas de ligne droite ; partout des courbes harmonieuses, des ondulations, des rondeurs ;

nulle part des angles aigus ou des pointes acérées, si on excepte les épines de quelques végétaux et les griffes des carnivores.

Dans les opérations, quelle profonde différence aussi!

Les mêmes forces physico-chimiques produisent toujours les mêmes effets; il existe une dépendance très étroite entre la contexture polyédrique des molécules d'un corps et sa forme de cristallisation.

Dans le monde animé, rien de semblable.

Quel rapport pourrait-on établir entre la laideur repoussante d'une araignée hideuse, et la merveilleuse toile tissée par elle avec tant d'habileté? entre une abeille et son miel? entre une hirondelle et son nid?

Quel rapport entre une plante et les fleurs dont elle se pare, ou entre un arbre et ses fruits? Pourquoi ceux-ci sont-ils petits dans les grands arbres et gros dans les végétaux dont la tige est si grêle?

En cela est-on plus avancé, de nos jours, qu'à l'époque déjà lointaine où le légendaire Garo, fortement intrigué par ces anomalies criantes, se demandait pourquoi les chênes, au lieu de porter de majestueuses citrouilles suspendues à leurs robustes bras, ne produisent que de minuscules glands?

Comment voulez-vous qu'en présence de telles antinomies des observateurs soi-disant intelligents ne soient fortement tentés de corriger un peu la Nature?

Que penserait-on d'un artilleur qui se servirait des petits canons pour lancer les plus lourds boulets, et ne mettrait dans les grandes pièces que du menu plomb à moineaux?

Que penserait-on d'un général assez imprévoyant pour confier les opérations les plus importantes aux plus chétifs de ses soldats?

Dans les êtres animés que de fois cette disproportion existe entre la cause et l'effet! Les plus gros ne sont pas les plus puissants, et les plus petits ne sont pas les moins terribles.

Les imperceptibles microbes ne jouent-ils pas dans le monde un rôle beaucoup plus considérable que les baleines et les cachalots, les hippopotames ou les éléphants?

Tel luttera victorieusement contre un lion, et sera infailliblement vaincu par un animalcule à peine visible avec un microscope mille fois grossissant.

« On a souvent besoin d'un plus petit que soi »

a dit le poète.

S'il avait vécu à notre époque, il se serait peut-être exprimé autrement et avec beaucoup plus de vérité :

« On doit craindre souvent un plus petit que soi. »

II.

Les machines vivantes.

Certains philosophes ont prétendu que les animaux (et les végétaux à plus forte raison) étaient de pures machines.

Il faut l'avouer cependant, ces machines sont merveilleusement conditionnées. Toutes leurs parties constituent un ensemble admirable. Chacune d'elles est à sa place, et on serait mal venu de la poser ailleurs.

Puis, quelle harmonie et quelle subordination !... Comme chacune en particulier est bien façonnée pour coopérer à l'œuvre commune !...

Examinez un carnivore, par exemple.

Obligé de se nourrir de chair palpitante, il se trouve fort heureusement armé de toutes pièces pour atteindre ce but.

Non seulement il est pourvu d'un estomac et possède des entrailles aptes à digérer cet aliment spécial, mais ses dents, ses griffes, son appareil de locomotion, ses yeux, son instinct, le rendent capable de saisir sa proie, de la déchirer, de l'apercevoir de loin, quand elle se dérobe, de la poursuivre et de s'en emparer par la ruse, s'il ne peut y réussir par la force.

Et cela est toujours vrai, que l'animal soit grand ou petit, qu'il soit tigre ou microzoaire.

Il y a là de quoi faire sérieusement réfléchir les matérialistes au sujet de ces causes finales dont l'existence les gêne tant !

On les entend assez souvent comparer les animaux, non pas seulement à des machines quelconques, mais surtout à des machines à vapeur.

La comparaison revêt une apparence plus scientifique; partant elle leur semble plus vraisemblable et plus apte à persuader les bonnes gens assez candides pour les écouter.

— Voyez-vous ? disent-ils ; dans les tissus des animaux ou des plantes, la Nature condense du carbone par la respiration et la nutrition. Sur ces molécules hydrocarburées préexistantes elle accumule sans cesse de nouvelles molécules semblables. Puis, elle décompose ces mêmes molécules ; elle les enlève et les remplace par d'autres : c'est le tourbillon vital.

Cette synthèse et cette analyse perpétuelles s'effectuent sous l'action de l'universel et unique moteur : le Soleil, principe de mouvement, foyer de lumière et de chaleur, source inépuisable de vie.

— Ces énormités ont été émises, il n'y a pas longtemps ; et on les répète encore.

Pourtant la différence entre une machine faite de main d'homme et une plante ou un animal n'est-elle pas évidente, si l'on veut seulement prendre la peine d'ouvrir les yeux pour la voir?

Une locomotive, par exemple, est admirablement construite. Le seul agencement de ses parties dénote incontestablement déjà l'existence d'un ouvrier. Comment n'y pas découvrir, en effet, la réalisation exacte d'un plan où tout a été prévu et calculé à l'avance?

Elle n'a pu se donner l'être : nul ne s'aviserait de l'affirmer. En outre, elle dépend continuellement d'une cause étrangère et supérieure.

Si elle travaille, elle s'use chaque jour, sans être capable de compenser ses pertes, et de réparer ou de renouveler ses organes détériorés.

L'homme doit sans cesse intervenir, pour retoucher, refaire et remplacer successivement les parties en souffrance, ou simplement pour les entretenir.

Quelle merveille si le charbon dont elle se nourrit,

et dans lequel elle puise la force nécessaire pour sa course rapide, pouvait régénérer successivement ses divers organes, et se transformer, suivant les besoins, en roues, essieux, tuyaux de tout genre, pistons, pompes, sifflets d'alarme et soupapes de sûreté !..

Quelle merveille encore, si chacune de ses parties, non seulement se renouvelait à mesure qu'elle s'use, mais croissait aussi, et cela toujours dans les mêmes proportions indispensables au fonctionnement normal et à la régularité de la marche, car la moindre imperfection sous ce rapport l'arrêterait sur la voie !...

Quelle merveille surtout, si elle devenait capable d'agir par mouvements propres, spontanés, volontaires, indépendants de tout moteur différent d'elle, comme les animaux même les plus infimes !...

Quand donc un inventeur de génie nous donnera-t-il une locomotive assez bien conçue pour rendre inutiles les chauffeurs et les mécaniciens ?...

Probablement ce ne sera pas de sitôt.

Toutes les machines faites par l'homme restent inévitablement sous sa complète dépendance : les ayant construites, il doit lui-même les réparer et les mouvoir.

Une plante ou un animal sont des machines autrement compliquées ; mais, de plus, elles se passent de l'homme pour agir, car elles n'ont pas eu besoin de lui pour exister.

C'est fort heureux pour elles, car sans cela elles n'auraient jamais pris rang parmi les êtres de la création. Aucune industrie humaine ne serait assez puissante pour les produire, comme aucune n'est assez habile pour les réparer et les empêcher de périr.

Malgré la Science la plus profonde et les instruments les plus perfectionnés ou les plus délicats, l'homme ne saurait rendre une seule feuille à la branche, une fleur à sa tige, une patte à l'insecte, une plume à l'oiseau.

III.

La vie et la mort.

Méritent-ils d'être pris au sérieux les matérialistes assez audacieux pour affirmer que la Science sera, un jour, à même de fabriquer des nerfs, des tissus musculaires complets, des pieds, des mains, des têtes avec leurs yeux, leurs oreilles, leur cerveau et leur cervelet, comme elle nous donne actuellement des locomotives, des téléphones et des cinématographes ?

Parviendra-t-elle jamais à construire un corps humain, en chair et en os, avec son ensemble de veines et d'artères, et tous ses organes si nombreux et si divers ?

Pourra-t-elle jamais le faire seulement aussi parfait que le cadavre d'un homme quand il vient d'expirer, et qu'il va être la proie du tombeau ?

Jusqu'à présent, elle n'a pas même su arrêter la décomposition, ou si elle y réussit pour quelques heures, ce n'est qu'en le mutilant, en lui arrachant certaines parties et en minéralisant les autres.

Mais, enfin, la Science fût-elle jamais en mesure de construire un cadavre de toutes pièces, il lui resterait encore le plus difficile à réaliser ; il lui faudrait infuser la vie dans ce cadavre !...

Pour cela, elle ne devrait pas seulement lui communiquer quelques commotions transitoires et violentes, comme sont les contractions musculaires produites par le courant d'une pile électrique. Elle devrait le faire agir par mouvements propres, personnels, spontanés, indépendants de toute cause extérieure, et, enfin, intelligents ou instinctifs, comme on les constate chez l'homme ou chez les animaux.

Le jour où la Science opérerait ce prodige, elle serait assez puissante pour ressusciter les morts.

Ce jour-là, les hommes deviendraient immortels.

Si l'on pouvait, en effet, rendre alors la vie à un cadavre, ou la donner à un corps qui ne l'aurait jamais eue, pourquoi n'aurait-on pas le moyen de la conserver à un être qui la posséderait déjà? Ce serait évidemment plus facile.

Quels que soient les progrès accomplis jusqu'ici, on nous accordera, si l'on est sincère, que le jour où la mort sera scientifiquement détruite sur la terre, n'est pas encore près de luire.

Depuis longtemps on meurt ici-bas; pendant longtemps encore, hélas! on sera condamné à mourir.

Nos aïeux ont vécu, et ils sont morts; nous marchons nous-mêmes sur le chemin de la tombe, et nos descendants, jusqu'à la plus lointaine génération, ne naîtront que pour mourir.

Non! le jour où la Science détruira la mort, ne luira jamais en ce monde. Nous en avons pour garant la parole du Créateur nous indiquant, dans le trépas inévitable, la peine du péché, *stipendium peccati mors*, et nous assurant que la résurrection est l'œuvre du Sauveur et de Lui seul, *Ego sum resurrectio et vita !*..,

Cette parole est, sans doute, non avenue pour les matérialistes; mais c'est une de ces paroles qui ne passent point, et dont ils sont contraints de voir eux-mêmes la constante réalisation jusqu'à la fin des temps.

Pour la démontrer fausse, ils n'ont qu'un moyen : ressusciter les morts, ou conférer aux vivants le privilège de l'immortalité.

C'est un peu difficile, nous en convenons; mais ce serait la seule preuve expérimentale vraiment concluante de l'existence dans la matière d'une force, inconsciente et aveugle, analogue au magnétisme et à l'électricité, mais cause adéquate de la vie.

Sous ce rapport, comme sous bien d'autres, nous attendons avec calme les futures conquêtes de la Science : l'avenir proclamera qu'on avait tort de les escompter, à l'avance, en faveur de l'incrédulité.

IV.

Conclusion.

En résumé, dans la matière, nous ne le nions pas, il y a une certaine activité, mais elle n'est point la vie, pas plus que l'affinité élective des atomes n'est le libre arbitre.

Dans l'être vivant, les forces physico-chimiques

agissent concurremment avec la force vitale; mais elles sont d'un autre ordre.

Jamais elles ne suffiront à expliquer les faits de la conscience et les phénomènes de la volonté, de l'intelligence ou de l'instinct, de la mémoire et du sentiment.

Elles constituent avec la vie deux genres entièrement distincts et complètement irréductibles l'un à l'autre ; entre les deux est un abîme, et cet abîme est trop large et trop profond pour être jamais franchi.

FIN.

TABLE DES MATIÈRES.

CHAPITRE I.

CRISTALLOGRAPHIE ET CRISTALLOGÉNIE.

I. — Incursions des Sciences physiques dans le domaine de la Philosophie naturelle, ... 3
II. — Origine et développement de la Cristallographie, 7
III. — Cristallogénie, ... 18

CHAPITRE II.

MANIFESTATIONS DE LA VIE DANS LES CRISTAUX, D'APRÈS LES MATÉRIALISTES.

I. — Nutrition et croissance, ... 22
II. — Reproduction, ... 24
III. — Cicatrisation des blessures, Reconstitution naturelle des membres amputés, ... 25
IV. — Solidarité des parties correspondantes, . . . 26
V. — Génération spontanée 26

CHAPITRE III.

HISTOLOGIE ET ANATOMIE CRISTALLINES.

I. — Principes premiers : atomes et molécules, . . 29
II. — Forme des édifices atomiques ou molécules, . . 33
III — Structure interne des cristaux, ... 36
IV. — Production des formes secondaires, ... 39
V. — Isomorphisme et polymorphisme, ... 41

CHAPITRE IV.

LES CRISTAUX VIVENT-ILS ?

I. — Leur nutrition et leur croissance sont-elles des actes vitaux ? 43

II. — L'origine des cristaux est-elle comparable à la naissance des êtres? — La Génération spontanée. 51
III. — Que faut-il penser de la cicatrisation des blessures et de la reconstitution naturelle des parties enlevées?......... 54
IV. — Comment expliquer la sympathie ou la solidarité des parties correspondantes?...... 55

CHAPITRE V.

LA MATIÈRE MINÉRALE ET LA MATIÈRE ANIMÉE.

I. — Contrastes frappants............ 57
II. — Les machines vivantes.......... 59
III. — La vie et la mort............. 63
IV. — Conclusion................ 65

FIN.

www.ingramcontent.com/pod-product-compliance
Lightning Source LLC
LaVergne TN
LVHW051514090426
835512LV00010B/2519